TIZIANA PALAZZO

CHIUDERE UNA RELAZIONE

Interrompere una Relazione Disastrosa e Ricominciare da Sé con Energia e Motivazione

Titolo

"CHIUDERE UNA RELAZIONE"

Autore

Tiziana Palazzo

Editore

Bruno Editore

Sito internet

http://www.brunoeditore.it

In memoria della mia mamma, Angela Laghezza

Sommario

Introduzione

Siamo grati, poiché tutto concorre al nostro bene!

Resto sempre affascinata dalle pieghe che la vita inaspettatamente prende lungo il cammino dell'esistenza. Certo è che, grazie alle esperienze finora vissute, ho maturato la ferma convinzione che le relazioni tra esseri viventi per riuscire bene necessitano di una serie di ingredienti di base proprio come una torta. Una convergenza reciproca di valori tra cui rispetto, fiducia, verità e fedeltà, devono essere dichiaratamente prioritari per entrambi. Ingredienti, ai quali a piacimento si possa aggiungere di tutto, lealtà, abbondanza o come dico io un pizzico di creatività, per dare gusto e personalità, anche, alla propria storia d'amore.

Chiudere una relazione è un percorso autobiografico che condivido con l'augurio che possa fungere da guida in caso ti trovassi a vivere una storia disastrosa. Le relazioni d'amore che ho vissuto finora, per eterogeneità e modalità, mi hanno insegnato che: «Tutto si cambia nello spazio di una decisione, applicando con impegno e costanza nuove strategie all'azione. Questo processo comporta sempre l'assunzione della propria responsabilità nel processo di guida e di trasformazione della vita».

CAPITOLO 1:

Come affrontare la doccia fredda

La doccia fredda che ho sperimentato in quasi tutte le relazioni d'amore, fino ad ora, è stato il tradimento. Chi ha vissuto questa esperienza ha potuto constatare come il corpo reagisca in un modo tutto suo.

Il mio corpo ha tremato senza sosta quando ho scoperto in modo inaspettato e casuale che il mio secondo marito era già sposato con un'altra donna. Fu percorso da agghiaccianti scosse tanto che persi il controllo delle dita quando mi accorsi che l'uomo nelle cui mani avevo riposto nuovamente il mio cuore e che mi giurava eterno amore, mi stava tradendo.

I miei arti vibravano come percossi dal vento e ricordo di aver provato una grande nausea e di aver vomitato bile. Ma la cosa più interessante è stata che, malgrado le inconfutabili prove, foto, video e audio, mi sentivo come sospesa nell'incredulità.

Sospesa, come quando qualcuno annuncia la dipartita di una persona cara e poiché l'avevi vista proprio poco tempo prima viva e vegeta, credi che quel funesto annuncio sia uno scherzo di cattivo gusto. So bene che l'istinto, di fronte a un evento così impegnativo è diverso per ognuno di noi dunque di seguito elenco una serie di azioni pratiche che ho messo in atto con lo scopo di riprendere il controllo del mio corpo:

- lasciare che il corpo si sfoghi fisicamente (entra in un bagno, vai in un luogo tranquillo o resta nella tua auto e piangi, urla, sfogati) e appena ci riesci emetti lunghi, profondi e lenti respiri (esistono eccellenti tecniche di respirazione);

- andare da un coach o da persone care che possano aiutare a tranquillizzarti. Fuggi da quelle che ti consolano perché a te serve cambiare prospettiva sull'accaduto per uscirne. Piangerti addosso e farti compatire serve solo a perdere tempo ed energie;

- ripetere come un mantra questa frase: «Tutto concorre al mio bene, anche questo!»

Gli oggetti, il materiale cartaceo e i regali, per ora conservali.

Quando ti sarai calmata, solo allora, poniti ripetutamente queste domande, ancor meglio se lo fai la sera prima di andare a dormire:

- Come posso cambiare a mio favore questa situazione?
- Cosa posso fare in questo momento per stare bene?
- Cosa mi renderebbe felice, ora?
- Cosa voglio davvero, ora?
- Cosa intendo per vita felice?

Il tuo cervello ti risponderà in modo inaspettato e costruttivo.

SEGRETO n. 1: dentro ognuno di noi albergano, sin dalla nascita, tutte le risorse necessarie per affrontare gli eventi drammatici e dolorosi. Resta con la mente nel presente, il passato è andato e il futuro lo costruiamo con le scelte che facciamo nel presente.

Come aprire la valvola della tua pentola a pressione

Accettare la verità e decidere la strategia che ritieni più giusta per affrontare il tradimento è possibile gestendo le proprie emozioni. Per gestire le proprie emozioni bisogna riconoscerle, nominarle e apprezzarle ma per farlo ci vuole guida e allenamento. Anche la rabbia, il dolore e la paura che in alcuni momenti della nostra vita sono la propulsione che ci spinge verso un cambiamento. Durante la nostra infanzia siamo stati educati dai nostri genitori, dalla società e dalla scuola a molte cose utili ma non ad affrontare, nominare e utilizzare a nostro vantaggio l'universo delle emozioni.

Con i corsi sulla gestione delle emozioni ho appreso ottime strategie che utilizzo ormai quotidianamente. Quando si scopre un tradimento, dentro c'è certamente un susseguirsi di emozioni irrefrenabili in ordine sparso, ad esempio: rabbia, dolore, incredulità, disgusto, disorientamento, ansia, delusione e molte altre ancora. Dopo aver messo in pratica i punti elencati in precedenza, prendi un foglio e trascrivi le tue emozioni senza pensarci. Inventa le parole se non ce n'è una che riesce a descrivere ciò che stai provando in quel momento (vale tutto).

Ti faccio un esempio del mio personale vocabolario delle emozioni positive: *selvaggeria* è per me tutto l'insieme di «gioia e voglia di correre, rotolarsi, farsi il solletico, saltare, ballare e ridere e scherzare, cantando e ridendo insieme a chi è in mia compagnia con lo *sfrizzichino* nella pancia» (la mia bimba interiore apprezza molto questo stato).

Partendo dal principio, sempre in base alla mia esperienza personale, che tutte le emozioni sono utili, di seguito ti illustro un semplice schema delle stesse. Lo utilizzo in ogni occasione utile, ed è maggiormente efficace quanto più hai poco chiaro come codificare ciò che ti accade. Mentre scrivi nello schema delle emozioni, ci sono domande che puoi porti per orientarti rapidamente :

- Qual è il messaggio che questa emozione vuole comunicarmi?
- Quali azioni posso mettere in pratica per stare bene?
- Cosa posso fare ora per sfruttare al meglio questa emozione?
- Come trasformo un'emozione depotenziante in una potenziante?

SEGRETO n. 2: sono i pensieri e le emozioni connesse che ci fanno soffrire proprio perché gli permettiamo di avanzare nella nostra mente. Esercitati a porti le domande giuste e la tua vita cambierà.

Un'azione efficace con cui è utile esercitarsi è la rottura dello schema mentale limitante. Esso è uno strumento efficace che ti evita di cadere nel vortice dei ricordi, depotenziandoti a volte per giorni e mesi.

La mia guida spirituale anni fa, Madre scolastica Riccio mi ha insegnato a schiacciare la *testa del serpente* (cioè il ricordo) non appena avesse fatto capolino nella mia testa, distraendo la mia attenzione in modo inaspettato, guidando il mio corpo e spostando poi l'attenzione (focus) su qualcosa di piacevole.

Se il ricordo è molto invadente, allora la tecnica ha un passaggio aggiuntivo. Prendi il ricordo depotenziante, smaterializzalo a piacimento (ad esempio io gli do fuoco come fosse la pellicola di un film) e passa al nuovo ricordo potenziante per nove volte, sovrapponendolo velocemente. Potresti obiettare: «Non ho bei ricordi da sovrapporre», ma non è una scusa sufficiente per rimandare la tua evoluzione. Anche a me è successo ma era talmente impellente la necessità di star bene che li ho inventati. Ad esempio mi immaginavo di aver assistito a un tramonto meraviglioso e conseguentemente ho iniziato a creare e attrarre eventi positivi. Poco dopo, infatti, ho accettato gli inviti di Silvia Minguzzi, nota coach, di andare in luoghi mai sperimentati prima, come la scuola di tiro con l'arco.

In quella occasione, oltre ad aver costruito uno fantastico ricordo positivo, ho scoperto di essere mancina e di essere in possesso di una mira strepitosa, praticamente un cecchino. E dire che avevo passato gli anni precedenti a etichettarmi con: «Ho una pessima mira!»

Sperimenta cose nuove, vai a fare un corso di tango, rotolati sull'erba, pratica parapendio, prenditi con gli amici a secchiate d'acqua in un parco e ridi, ridi tanto! Chi l'ha detto che per essere prese sul serio, si debba restare tutte d'un pezzo ed essere musone a oltranza?

SEGRETO n. 3: nessuno può aiutarti se tu non fai la tua parte e per farla scegli di metterti in discussione. Se ciò che hai fatto fino ad ora ti ha portato a una serie di risultati che non ti piacciono, cambia fonte, cambia strategia. Allenati fino a quando i risultati ottenuti ti piaceranno davvero.

«Puoi portare un elefante alla fonte ma non puoi obbligarlo a bere!»
Anonimo

Lo schema delle emozioni

Tutti gli esercizi di questo corso, se praticati con impegno e costanza, hanno lo scopo di consolidare in abitudini un nuovo modo di interpretare gli eventi che accadono quotidianamente e di farti comprendere un po' di più le dinamiche personali, sociali e familiari che ti circondano. È determinante seguire corsi di formazione e crescita personale, questo per evitare di intervenire solo sul problema della spia dell'olio nella tua "macchina", poiché probabilmente è la mancanza d'olio che rende la chiave di lettura degli eventi impegnativa.

Schema delle Emozioni:

Elenco delle Emozioni	Conseguenze Depotenzianti	Trasformare in Potenzianti	Trasformare in Azione
Rabbia	Aggredisco chiunque nel raggio del mio spazio vitale e resto nella confusione.	Rompo lo schema mentale limitante (vedi sopra) e trasformo la rabbia in incrollabile determinazione.	Cambio scheda telefonica, serratura ecc. chiudo la relazione senza ripensamenti.

Come affronti la rabbia? Metti via coltelli, bombe, veleni e piani omicidi, non servono a niente! Ho avuto momenti nella mia vita in cui il dolore si è trasformato in rabbia, per cui ho utilizzato con efficacia queste strategie pratiche che per me sono state istintive.

In caso di rabbia ecco come puoi scegliere di comportarti:

- vai a casa e avventati sui cuscini e se vuoi dare di morso, dallo alla federa del cuscino o urla con il cuscino premuto in faccia, oppure cerca e compra in un negozio sportivo un pungiball e dagliene tante fino a esaurire l'energia distruttiva che è in te in quel momento. Se sei lontano da casa, vai ovunque tu possa trovare un po' di privacy: un parco, un bagno pubblico, l'androne di un palazzo e batti i piedi, salta e scuoti il corpo sul posto, piangi ed urla, insomma sfogati più che puoi;

- scrivi tutte le "lettere di rabbia" di cui hai bisogno. Con queste lettere di sfogo ti rivolgi alla persona che ha calpestato i tuoi valori imprescindibili. Scrivine finché anche gli insulti e le parolacce ti sembreranno vuote e senza senso. Continua a scriverne una dietro l'altra (ovviamente senza mai consegnarle), scrivi tutto quello che ti passa per la testa, nel cuore e nell'anima. Io sono arrivata anche a scriverne 86 prima di calmarmi;

- prenditi il tempo necessario per riflettere, scegli le strategie per affrontare la situazione. Ad esempio nel caso del mio secondo marito, visto anche il pericolo per l'incolumità mia e dei miei figli, ho scelto di accompagnarlo fuori dalla mia vita assecondandolo per pochi giorni fino a un suo viaggio di lavoro.

Con lui ben lontano da noi, ho affrontato per telefono il problema e, dopo un lungo periodo di stalking, ho ottenuto il suo allontanamento definitivo.

SEGRETO n. 4: la rabbia è come la paura e cioè una risorsa buona: può darti la motivazione per uscire da una storia affettiva disastrosa o una situazione pericolosa, riflettendo a freddo sulla strategia da adottare per poi agire in modo efficace e determinato.

RIEPILOGO DEL CAPITOLO 1:

- SEGRETO n. 1: Dentro ognuno di noi albergano, sin dalla nascita, tutte le risorse necessarie per affrontare gli eventi drammatici e dolorosi. Resta con la mente nel presente, il passato è andato e il futuro lo costruiamo con le scelte che facciamo nel presente.

- SEGRETO n. 2: Sono i pensieri e le emozioni connesse che ci fanno soffrire proprio perché gli permettiamo di avanzare nella nostra mente. Esercitati a porti le domande giuste e la tua vita cambierà.

- SEGRETO n. 3: Nessuno può aiutarti se tu non fai la tua parte, e per farla scegli di metterti in discussione. Se ciò che hai fatto fino ad ora ti ha portato a una serie di risultati che non ti piacciono, cambia fonte, cambia strategia. Allenati fino a quando i risultati ottenuti ti piaceranno davvero.

- SEGRETO n. 4: La rabbia è come la paura e cioè una risorsa buona: può darti la motivazione per uscire da una storia affettiva disastrosa o una situazione pericolosa, riflettendo a freddo sulla strategia da adottare per poi agire in modo efficace e determinato.

CAPITOLO 2:

Come fermare il tira e molla

Ci accade solo ciò che permettiamo accada!

«Non ce la faccio senza di lui! Mi manca troppo però ha detto che ama me e non l'altra». Ti invito ad avere rispetto di te stessa e dignità. Queste o altre frasi denotano solo che stai confondendo la paura di restare sola, di essere abbandonata, il bisogno d'attenzione o di essere accettata, con l'*amore*.

Assumersi la responsabilità della propria vita di fronte all'accaduto significa decidere di portarla su binari diversi da quelli cui si è approdati.

Dividere le colpe o cercare ragioni con domande come: «Cosa ha quella più di me?» o «Cosa ho fatto per meritarmi tutto questo?» ferma il tuo processo di evoluzione e impedisce la tua crescita personale. Collegati con la parte profonda di te stessa e impegnati ad essere felice. Tutto ciò che accade nella vita è un passaggio necessario per diventare migliori e riconoscersi come esseri completi.

In base alla mia esperienza, la mente è molto condizionata sin dall'infanzia. Dire spesso *no* viene considerata una cosa da egoisti. In una relazione hai paura di essere abbandonata o non amata o semplicemente apprezzata e per questo, spesso si finisce con l'accettare e sopportare cose innominabili.

Dici: «Basta è finita!» e poi aspetti che il cellulare squilli, che arrivi un messaggino su qualche social network cui sei iscritto o che lui passi per dirti: «Beh cosa c'è? Cosa hai deciso di fare? Ma, sei arrabbiata?» «Perché fai così? Non vorrai mica lasciarmi?» E con l'ego fragile, inconsciamente ti darai risposte del tipo: «Però mi sta cercando», «Allora in fondo ci tiene a me!»

Oppure, come mi disse durante un incontro una cliente adolescente che credeva di avere una relazione con un giovane molto più grande di lei: «Mi monta il nervoso e devo rispondergli, così capisce che è un idiota».

Capire?! Spiegare le tue ragioni è utile solo come corollario al momento del cambio della scheda telefonica, alla cancellazione della sua amicizia sul social network di turno, o al sano comportamento di indifferenza che è la meta più ambita dopo una relazione così distruttiva. Cosa ti stai raccontando? Ti ricordo che sei stata tradita e di solito chi tradisce sa esattamente quello che fa.

Per cui lui la situazione l'ha ben chiara e quando dichiara, ad esempio: «Non so come sia successo!» sta ovviamente mentendo. Lo dice per non assumersi la responsabilità e le conseguenze dell'atto stesso e può essere un prepotente segnale di quanto ti consideri manipolabile.

SEGRETO n. 5: se le persone con le quali scegli di intessere una relazione amorosa ti rispettassero, apprezzassero e amassero non dovremmo parlare di maltrattamenti, molestie e tradimenti e soprattutto di storia infelice e disastrosa.

Sveglia! Immaginati fra 5 o 10 anni in quella stessa relazione con tutti gli elementi fin qui raccolti: tradimenti, assenze, violenze, mancanze varie e poi poniti queste domande:

- Come ti sentiresti fisicamente e psicologicamente?
- Come sarebbe la qualità della tua vita?
- Andando avanti in questa relazione, cosa ne sarebbe della realizzazione della tua anima?
- Che esempio daresti ai vostri figli?
- E che mi dici di quel sogno che oggi vuoi realizzare e cui tieni tanto?
- Come sarà questa relazione tra cinque, dieci o magari vent'anni?
- In prospettiva ti immagini, davvero, felice?

O forse, sei così legata a questa relazione, soltanto, perché:

- hai paura di essere abbandonata;
- hai paura della solitudine o di non essere amata.

SEGRETO n. 6: rifletti, ascolta la saggezza che è dentro di te e scrivi le tue considerazioni in merito: confrontati con un mentore o una guida spirituale o un coach. La decisione scaturisce dalla consapevolezza di ciò che vuoi raggiungere e ottenere nella tua vita.

Ad esempio da quando ho scelto di voler essere felice nella mia esistenza faccio spesso *delle analisi di proiezione*. Quindi, se l'esperienza che vivo mi fa star bene e fa star bene i miei figli, la conservo, altrimenti, la ritengo un'esperienza e cambio la direzione della mia vita. Come? Iniziando a fare una nuova *analisi di proiezione*.

È uno strumento che ti permette di ordinare i tuoi pensieri in modo visibile e utile. Questo aiuta la tua mente a restare focalizzata solo sulla realtà dei fatti. Prendi un quaderno e copia questo schema.

Conserva i tuoi quaderni, perché un giorno se le tue certezze vacilleranno ancora, rileggendoli potrai ritrovare la Wonder Woman che è in te.

SEGRETO n. 7: tu puoi riprodurre in qualsiasi momento lo stesso stato mentale che ti ha permesso di ottenere successo in tante situazioni impegnative. Basta ricordarsi di come ti sentivi, come parlavi e come ti muovevi, quando sei stata già così efficace.

Lo schema di analisi di proiezione

ORA

- Sono felice in questa relazione?

Rispondi: _______________________________

____

- Quali sono per ordine d'importanza i miei valori?

Rispondi: _______________________________

____

- Quali sono i valori del mio partner attuale?

Rispondi: _______________________________

____

- Questa relazione è in linea con tutti i miei valori?

Rispondi: _______________________________

____

- Penso che nel tempo questa relazione possa evolversi in meglio, come?

Rispondi: _______________________________

____

DOPO

- Sono felice?

Rispondi:

- Come sarò tra 5/10/20 anni?

Rispondi:

- Quali obiettivi personali ho realizzato in 5/10/20 anni?

Rispondi:

- Come valuto questa relazione, anche se lui non è cambiato?

Rispondi:

- Sono soddisfatta di me stessa e della qualità della mia vita?

Rispondi:

C'è una frase di T. Harv Heker che trovo ispirante in merito al valore del tempo nelle decisioni della nostra vita: «Ma che aspettate? Se credete in una vita sola, beh, avete solo quella; se invece credete nella reincarnazione, beh, rinascete ma non con questa faccia!»

Anthony Robbins in merito a cosa fare se qualcuno non viene ricambiato in amore è serafico, alza il dito medio e dichiara: «Fuck!» A te la scelta della citazione più adatta.

SEGRETO n. 8: perché perdere tempo dietro a qualcuno che non solo non ti apprezza ma neanche comprende il tuo valore, quando nella tua vita puoi incontrare la persona giusta per te?

Credo che tornare indietro o stazionare in situazioni dolorose e castranti sia una forma di autolesionismo e masochismo di cui puoi liberarti in un istante! Decidi della tua vita e agisci ora! A volte basta cambiare solo il numero di cellulare o pianificare un trasferimento o fare una chiamata o cambiare una serratura e fissare nuovi obiettivi per continuare la tua vita!

Ad esempio decidi una strategia per potenziarti ed essere libera da meccanismi che ti portano ad attrarre un certo tipo di uomo. Mettiti in discussione e frequenta corsi di formazione e crescita personale, ti daranno spunti e ti indicheranno prospettive diverse e più efficaci di quelle che ti hanno portato a questo punto.

Prendi delle tavole degli obiettivi, appendile bene in vista nella tua camera e attaccaci le foto, i ritagli dei giornali, i tuoi disegni, delle cose e degli obiettivi che vuoi raggiungere. Datti un tempo ragionevole per te, per ottenerle quello che vuoi. Ad esempio: entro due anni acquisto l'auto Alfa Romeo nera metallizzata con i sedili beige. Oppure entro un anno cambiare casa e città.

Importante: Ricorda di parlare dei tuoi prossimi obiettivi al presente come se tu li avessi già raggiunti. «Memento audere semper»: ricorda di osare sempre!

SEGRETO n. 9: frasi come «Non ce la posso fare!», «Non sono forte come te!» o «Non ce la farò mai!», demotivano e depotenziano te e il tuo cervello e se vuoi essere felice, non è una condizione che puoi assecondare.

Ascoltati quando parli, scrivi le frasi che dici e cancella quelle depotenzianti. Ogni volta che ne dici una depotenziante datti un pizzicotto e correggiti dicendo:«Non è vero! La verità è che ho tutte le risorse dentro di me per farcela!»

«Lo scopo delle relazioni non è quello di trovare un altro che ti completi ma avere qualcuno con cui condividere la tua completezza».
Neale Donald Walsh

Soltanto tu puoi realizzare la vita pienamente e solo con un percorso di consapevolezza ed esercizio continuo cambi le tue abitudini depotenzianti e allinei tutte le parti della tua completezza: mente, corpo e spirito.

RIEPILOGO DEL CAPITOLO 2:

- SEGRETO n. 5: Se le persone con le quali scegli di intessere una relazione amorosa ti rispettassero, apprezzassero e amassero non dovremmo parlare di maltrattamenti, molestie e tradimenti e soprattutto di storia infelice e disastrosa.

- SEGRETO n. 6: Rifletti, ascolta la saggezza che è dentro di te e scrivi le tue considerazioni in merito: confrontati con un mentore o una guida spirituale o un coach. La decisione scaturisce dalla consapevolezza di ciò che vuoi raggiungere e ottenere nella tua vita.

- SEGRETO n. 7: Tu puoi riprodurre in qualsiasi momento lo stesso stato mentale che ti ha permesso di ottenere successo in tante situazioni impegnative. Basta ricordarsi di come ti sentivi, come parlavi e come ti muovevi, quando sei stata già così efficace.

- SEGRETO n. 8: Perché perdere tempo dietro a qualcuno che non solo non ti apprezza ma neanche comprende il tuo valore, quando nella tua vita puoi incontrare la persona giusta per te?

- SEGRETO n. 9: Frasi come «Non ce la posso fare!», «Non sono forte come te!» o «Non ce la farò mai!», demotivano e depotenziano te e il tuo cervello e se vuoi essere felice, non è una condizione che puoi assecondare.

CAPITOLO 3:
Come spezzare le catene della violenza

Papa Woityla era solito definire la donna come «la colonna portante della famiglia», io direi anche dell'umanità intera. Eppure in alcuni momenti della tua esistenza e in alcune relazioni sembra che tu dimentichi questa il valore dell'essenza e della missione che è essere donna, custode e mezzo di vita. A volte permetti che la tua dignità venga calpestata in nome di un amore che in realtà, in quel momento, è solo una proiezione della scarsa considerazione che hai di te stessa. Un amore che approfitta della tua paura di non essere degna d'amore.

Quando non si comunicano le proprie aspettative all'altro è possibile che l'interesse si insinui subdolamente attraverso il concetto dell'aiuto che al contrario del sostegno, crea dipendenza affettiva. Quando il compagno ti strumentalizza consciamente o inconsciamente non ti aiuta a crescere anzi ti congela. Una relazione con questi presupposti è inevitabile che presto o tardi (e per fortuna) finisca.

Tra le varie dipendenze c'è anche quella economica. Quindi, cerca lavoro o inventati un lavoro, subito!

Se mai ti è venuta in mente questa insana domanda: «Capitano tutti a me?» e ti sei risposta: «Si!» Beh, sappi che è vero. C'è un profondo legame tra *vittima* e *carnefice* poiché nulla accade senza il tuo consenso ma è vero anche che questa discutibile situazione la puoi concludere in un istante. Se continui a chiederti una cosa del genere, continuerai a mettere in moto le stesse dinamiche nella tua vita. Sposta il focus e chiediti: «Come posso cambiare le mie dinamiche personali per attrarre nella mia vita le persone positive e in linea con i miei valori?»

SEGRETO n. 10: la dipendenza da un'altra persona è la condanna che si sceglie quando non si vuole assumersi la responsabilità della propria vita. Sostare in questa dinamica e lasciare che gli anni passino inesorabilmente tra mille scuse (lo faccio per i figli, per la salute, perché ha bisogno di me) genera spesso, alla fine, un rimpianto.

Decidi di spezzare l'omertà e scegli di agire. A volte permetti che la tua dignità venga calpestata dai sensi di colpa, dalla paura, dall'ignoranza, dal bisogno d'amore e di attenzione, dalla paura d'abbandono, dall'isolamento e dalla violenza. A volte la tua fragilità ti fa credere di non poter cambiare le cose e di doverti accontentare di ciò che hai perché pensi di non meritare di essere felice o perché ti è stato insegnato di stare al tuo posto.

Addirittura arrivi a credere di essere la causa unica delle mostruosità che ti accadono. L'isolamento è un'arma potentissima per tenere una persona soggiogata. Non puoi confrontarti con nessuno. Non riesci a raccontare a nessuno i tuoi dubbi, la tua angoscia, l'impotenza che provi continuamente, le violenze psicologiche o fisiche che sopporti quotidianamente.

Ecco che anche la paura del giudizio della gente verso te stessa e verso di lui ti blocca. Così ti scatta la molla della *protezione* per il tuo carnefice e per te stessa. Questi momenti sono drammatici soprattutto quando ci sono i figli.

Proteggere i tuoi figli diventa quasi impossibile visto che non riesci a proteggere neanche te stessa. La soluzione *c'è* ed è sempre quella di decidere di spezzare la catena: per farlo ci vuole una motivazione molto forte, la così detta "goccia che fa traboccare il vaso" alla quale segue un percorso psicologico e personale liberatorio.

SEGRETO n. 11: la paura del giudizio altrui sorge dall'insicurezza. Sentirsi accettate in un gruppo o in una relazione a discapito della propria identità è uno dei poteri che permettiamo agli altri di esercitare sulla nostra vita. Perché piacere a tutti, ad ogni costo quando puoi scegliere di investire il tuo tempo con persone che ti amano per quello che sei?

Ricorda sempre che sei nata perfetta e sei amabile già così come sei!

Ricordo che quando squillava il cellulare trasalivo, perché all'altro capo c'era lui con le sue richieste. La mia vita era annullata in funzione delle sue esigenze. Il punto di rottura giunse proporzionalmente con la scelta di rompere l'isolamento e l'omertà.

L'universo ti manda sempre un aiuto quando lo chiedi e così io incontrai una Madre Benedettina, che divenne la mia guida spirituale, e uno psicologo davvero originale, passato a miglior vita. Entrambi con rispetto, con autorevolezza e con amore mi aiutarono a vedere gli eventi che sopportavo con occhi nuovi. Ogni giorno crescevo nella consapevolezza del mio personale valore e crescevo nella certezza di essere meritevole d'amore sin dalla nascita. Il perdono fa nuove tutte le cose! Così, proporzionalmente alla mia capacità di perdonarmi diminuì il senso di colpa e tanto più crebbe la forza di ribellarmi al giogo di quella relazione.

Che esperienza impegnativa. Un giorno quando quella persona si accinse a picchiarmi nuovamente, mi ribellai e me ne andai con la minaccia di denunciarlo se si fosse nuovamente avvicinato a me e al mio primo figlio. In ogni modo malgrado alcuni tentativi da parte sua di riallacciare la relazione, piangendo e spergiurando, riuscii con salda fermezza ad allontanarlo dalla mia esistenza mettendo in atto una serie di strategie pratiche tra cui: cambiare scheda e farmi cambiare continuamente il turno di lavoro così che non potesse più strumentalizzare le mie abitudini.

Alcune delle frasi che dicono questi carnefici (in base alla mia esperienza) dopo averti picchiata di solito sono:

- «Ti amo»;

- «Ho paura di perderti»;

- «Sono un mostro»;

- «Io non posso vivere senza di te»;

- «Aiutami, senza te non sono nessuno»;

- «Aiutami a cambiare, solo tu mi capisci»;

- «Sei tutto ciò che ho»;

- «Sei tutta la mia vita»;

- «Se mi lasci mi ammazzo»;

- «Se mi lasci ti ammazzo».

Per culminare nella classica frase: «Perdonami non lo faccio più, vedrai!»

Altro soggetto da cui stare a debita distanza è il *narcisista*. Ti sembra di aver incontrato l'uomo dei tuoi sogni: ti fa sentire unica (nutre il narciso che è in te), ti sussurra parole gentili e complimenti, ti accompagna a fare shopping e ti consiglia senza mai distogliere lo sguardo da te, le altre donne anche se bellissime non le degna neanche di uno sguardo. Declama versi e promette emozioni e vita in comune con uno sfondo di strepitosi tramonti e incredibili paesaggi. Fino al momento in cui sei cotta a puntino e a un cenno del suo dito sei disposta anche a fare un salto carpiato in una piscina senz'acqua.

Giusta metafora della sostanza e della qualità reale di questa relazione. Una piscina senz'acqua! E se a questo si aggiunge una dose di masochismo da parte tua, il cocktail risulta esplosivo.

Ti informo che in realtà stai intessendo una relazione con un soggetto dotato di un senso grandioso del sé, preso da fantasie incontrollate di successo, potere e bellezza ideale. Egli esercita una nefasta influenza sugli altri che lo rendono paragonabile solo alle divinità (naturalmente lui si professa generalmente l'ultimo uomo umile, mite e generoso nell'universo). È un essere tracotante, che esige rispetto dei propri diritti ed è incurante di calpestare i tuoi. È un approfittatore degli altri di cui strumentalizza le difficoltà anche economiche e personali per giungere ai propri scopi, senza rimorso.

Ecco, ti stai sprecando con un Tirannosauro Rex, mistificatore, manipolatore, ruba tempo dalla vita altrui. Chissà quanto gli interessa di te!

Pensi, tutta convinta, di essere l'unica donna, indispensabile, per lui? Beh, amara sorpresa! Per questo soggetto non è così. Generalmente, è in grado di intrattenersi con più relazioni contemporaneamente. Per i dettagli del narcisista puoi consultare il manuale DSM-IV diagnostico degli psichiatri U.S.A.

Possiamo cambiare noi stesse ma non gli altri quindi agisci, rinforza la tua autostima e sii finalmente libera e felice. Investi sulla tua crescita personale con nuove tecniche rapide ed efficaci attraverso corsi e coaching. Io ce l'ho fatta! Puoi riuscirci anche tu! Hai già tutte le risorse che ti servono dentro di te. In caso di violenza agisci tempestivamente e senza voltarti indietro.

Riprenditi la tua vita, se non riesci a farlo per te, allora fallo per i tuoi figli e se non hai figli, fallo per essere felice! Anthony Robbins dice: «Se vuoi puoi e se non puoi devi!»

SEGRETO n. 12: cercare le responsabilità nell'altro ti impedisce di focalizzarti su te stessa, metterti in discussione e crescere. Investi su te stessa. Sei il miglior investimento della tua vita. Nessuno, tranne te stessa sa renderti felice.

Le domande che ho trovato utile pormi a un certo punto delle mie esperienze affettive sono le seguenti:

- Sento amore intorno a me?
- Ciò che vivo con lui, mi piace e mi fa star bene?
- Mi sento rispettata nella mia unicità, nelle mie aspirazioni e nei miei progetti?
- Rispetto, appoggio e condivido le sue aspirazioni?
- C'è reciprocità, scambio e sostegno?
- Mi fido di lui?
- Mi fido di me stessa?
- Lo stimo?
- Ne ho bisogno?
- Immagino il resto della mia vita con lui?

Se di notte ti svegli e guardandolo dormire accanto a te ti sfugge un: «Ma che ci faccio qui con lui?» cambia quella situazione al più presto! Il tempo della tua vita scorre inesorabilmente e non torna indietro. Tu meriti di essere felice!

SEGRETO n. 13: la libertà è il diritto sacrosanto di ogni essere vivente di esprimere se stesso secondo la propria indole, predisposizione, talento e volontà nel rispetto del prossimo. È un diritto e anche un dovere verso te stessa e le persone che ami.

Per la mia esperienza, reclamare questo diritto, perseguirlo e ottenerlo ha una tripla funzione pedagogica:

1. volere è potere, tutto si può cambiare e trasformare;
2. la libertà e il rispetto sono l'esempio con cui cresci i tuoi figli;
3. ascoltare il proprio cuore, anche per i tuoi figli diventa una priorità imprescindibile!

Per ottenerla: rompi l'isolamento, spezza l'omertà, fidati di te stessa, cambia strategie e agisci!

RIEPILOGO DEL CAPITOLO 3:

- SEGRETO n. 10: La dipendenza da un'altra persona è la condanna che si sceglie quando non si vuole assumersi la responsabilità della propria vita. Sostare in questa dinamica e lasciare che gli anni passino inesorabilmente tra mille scuse (lo faccio per i figli, per la salute, perché ha bisogno di me) genera spesso alla fine un rimpianto.

- SEGRETO n. 11: La paura del giudizio altrui sorge dall'insicurezza. Sentirsi accettate, in un gruppo o in una relazione a discapito della propria identità è uno dei poteri che permettiamo agli altri di esercitare sulla nostra vita. Perché piacere a tutti, ad ogni costo quando puoi scegliere di investire il tuo tempo con persone che ti amano per quello che sei? SEGRETO n. 12: Cercare le responsabilità nell'altro ti impedisce di focalizzarti su te stessa, metterti in discussione e crescere. Concentrati su te stessa, sei il miglior investimento della tua vita. Nessun altro al mondo, oltre a te, sa come renderti felice.

- SEGRETO n. 13: La libertà è il diritto sacrosanto di ogni essere vivente di esprimere se stesso secondo la propria indole, predisposizione, talento e volontà nel rispetto del prossimo. È un diritto e anche un dovere verso te stessa e le persone che ami.

CAPITOLO 4:
Come perdonarsi e perdonare

In base alla mia esperienza il perdono, è un percorso guidato ma anche una folgorazione, un atto di grande coraggio ed è la chiave che apre la porta alla leggerezza dell'essere, alla tolleranza e alla compassione verso chi, a sua volta ferito, diventa strumento di tortura per qualcun altro. San Francesco soleva rimarcare che non esiste *l'uomo cattivo*.

Inoltre Charles de Foucauld ha affermato: «Dio si serve dei venti contrari per condurci in porto». Non può esistere perdono per se stessi e per gli altri senza aver prima affrontato la rabbia, il rancore, la paura e il dolore.

Qualunque esercizio risulta vano senza aver elaborato l'accaduto e le emozioni ad esso connesse, se non si percorre una nuova strada di conoscenza. Sostare nel dolore di *quell'evento chiave* in modo terapeutico, guidato e in un tempo prestabilito, permette di *sfogare tutto*. L'esercizio di perdonarsi e perdonare nasce come esigenza profonda di ritrovare la pace del cuore e l'energia, altrimenti dispersa.

Perdonarsi diventa un'esigenza per ottenere la pace del cuore e contribuire con la propria vita a realizzare un mondo migliore secondo la propria missione. Frasi come: «Ma io lo odio, non posso dimenticare, mi ha fatto troppo male, le deve pagare tutte, che gli vengano tutte le disgrazie ecc. » hanno come unico effetto quello di permettere ancora a quella persona e a quell'evento di ferire il tuo presente.

SEGRETO n. 14: il perdono è paragonabile a un muscolo da allenare con strategie e strumenti efficaci e flessibili. Imparare a perdonare è una tua responsabilità ed è necessaria per essere felice.

Ricordi quando, nel Capitolo 1 ti avevo chiesto di conservare tutte le prove del tradimento? Adesso è tempo di riutilizzarle per voltare pagina definitivamente e giungere a un livello superiore di perdono. Gli altri livelli di perdono li raggiungi con corsi pratici e con la guida di un coach esperto.

È ora il momento di tagliare i ponti con i feticci e i fardelli del passato. Prendi tutto il materiale raccolto: foto, messaggi stampati, lettere e tutto il materiale cartaceo in tuo possesso e senza rileggere o senza guardare strappa tutto, butta tutto o brucialo! Abiti, oggetti e altri ricordi dalli in beneficienza. Commuta qualcosa che ti ha fatto soffrire con un atto di carità. Qualcuno sorriderà con quel peluche e si vestirà con quel maglione! E tu ti sarai liberata di cose che scatenano ricordi del passato.

SEGRETO n. 15: il segreto per ottenere un cambiamento vero è essere disciplinate, propositive e determinate nella pratica quotidiana degli esercizi. Quando scegli la tua nuova vita le scuse auto-sabotanti devono essere bandite dal tuo cervello.

MENZOGNA = NO AMORE

La menzogna è uno dei perni che bisogna svitare per lasciar fluire il perdono. Già proprio la menzogna che ascolti come fosse verità e che sei pronta a giustificare con te stessa pur di non riconoscerla. Se almeno una volta, alla fine di una relazione disastrosa ti sei detta in merito a qualsiasi episodio: «Tanto lo sapevo che mi mentiva» o «Me ne ha raccontate tante di fandonie!», sai esattamente di cosa sto parlando.

Se invece fai parte del gruppo delle *stoiche recidive* che rimuovono la verità a oltranza pur di non affrontarla, allora eccoti una lista di menzogne raccolte nell'arco delle mie relazioni cui ho aggiunto il contributo pubblico in un sondaggio fatto su Facebook, con una semplice domanda: Qual è la menzogna più grave che ti hanno raccontato in una relazione?

Premetto che gli episodi, per essere considerati "menzogne", debbono essere frequenti, ripetuti e succedersi con sistematicità. Sii cosciente del fatto che se ti ama, troverà sempre il tempo di telefonarti, farti una sorpresa, smaniare per vederti al lavoro anche solo per un istante. Ti informo che frasi come: «Ma per lui è diverso!», «No, lui non è così!», «Non ne sarebbe capace!», «Lui mai, ci metto la mano sul fuoco!» sono tutte balle che racconti a te stessa e a cui solo tu credi!

SEGRETO n. 16: la verità è uno stato di grazia in cui augurarsi di vivere quotidianamente. Essa rende la vita facile e leggera. Poiché tutto si può cambiare, soprattutto le situazioni che ti rendono infelice. Scrivi le frasi che ti ripeti per giustificare le menzogne del tuo lui e quelle che racconti a te stessa per accettare di sostare in una relazione disastrosa.

Menzogne al telefono

SFUGGO = NON TI AMO

- «Non sento, non sento, ti richiamo»: attacca e non richiama. A meno che non sia nel deserto del Sahara o nella foresta Amazzonica in bocca ai piranha cambiate operatore e uomo!
- «Sto per entrare in galleria»: vi richiama dopo 3 ore. Siete fortunate o convinte?
- Squilla a vuoto per tanto tempo e poi risponde: «Non ti ho sentito c'era la vibrazione». E si eclissa. Quindi se vibra lo ha sentito, non trovi?
- Squilla a vuoto e parte la segreteria. Risposta: «Si deve essere innescata da sola o per errore». E sparisce, non importa che sia

un mago della tecnologia!

- «Ho lasciato il cellulare in auto/a casa/dal panettiere ecc.». È irreperibile per mezza giornata: chiedete se il panettiere si chiama Sara o Veruska!

- «Ma, il tuo telefono non va? Ti chiamo da due ore e non rispondi». Sul cellulare però non risultano chiamate! Contatta l'operatore telefonico, magari ti conferma che ti sta prendendo in giro!

Fai una lista di tutte le bugie che hai ascoltato fino ad ora, ed eliminiamo un po' di false credenze. Per ogni menzogna cui hai dato credito, datti un pizzicotto sul braccio e dichiara: «Falso! la verità è che...» e dopo averla pronunciata congratulati con te stessa!

Menzogne sessuali

NO SESSO = NO AMORE

- «Non mi va stasera sono stanco». Se non è appena tornato dalla miniera e non lo fate da un po' chiedetevi: «È davvero questo il tipo di rapporto che voglio nella vita?»

- «Dai, non vedi che sono stressato?» Il sesso è una delle gioie che la vita riserva: il fatto che ti venga negato dalla persona che asserisce di amarti apre un capitolo di discussioni.

- «Stiamo insieme da molto tempo ormai» *Ormai*? Per tradizione semmai, sei tu donna che dovresti rifiutare, qualche volta (solo qualche volta).

- «Sono depresso per la morte di X». Distingui tra l'attimo contingente e una scusa che dura giorni, settimane e mesi.

- «Non mi attrai più come una volta, perché sei ingrassata!» Questa è una delle peggiori menzogne: scarica su di te la responsabilità del fatto che non ti ama (conosco persone in sovrappeso con una vita sessuale più che soddisfacente).

- «È perché ti amo, che non riesco a farlo con te, ti rispetto troppo». Balle! Probabilmente ha già un'altra o una serie di relazioni.

- «Dai, ci sono i bambini che dormono in cameretta!» Appunto! Esistono anche le porte chiuse a chiave, la lavanderia, il garage e il lampadario, se ti ama!

Menzogne professionali

NO TEMPO PER TE = NO AMORE

- «C'è crisi…non ho tempo per venire con te!» Se non riconosce valore del tempo da passare con te, comincia a orientare e a pianificare la tua nuova vita felice senza di lui.

- «Ho del lavoro da finire, resto fino a tardi a lavoro». Meriti decisamente di meglio che aspettare lui!

- «Non capisci che sono impegnato?» Non capisci che va cacciato via dalla tua vita?

- «Sono sempre in giro per lavoro, non posso quel giorno». Se è un dipendente, ci sono i permessi e le ferie, se è un professionista consigliagli un corso sulla gestione del tempo e prendi il volo!

- «Non sono mica a tua disposizione!» Senza scadere nella prepotenza, comunicagli: «Meglio sole (ed è vero) che male accompagnate!».

- «Non posso mica lasciare il cane, il gatto, il criceto, la mamma e il nonno da soli!» Stampa e consegnagli una lista di dog-sitter, centri di accoglienza, colf e pensioni per animali, case di riposo e hotel della sua città prima di cancellarlo dalla tua vita!

- «Sono troppo depresso per vederti!» Questo tipo "d'altruismo" va tradotto con «non sei importante per me!» Tu sei fonte di gioia e felicità e d'ispirazione, tienilo sempre a mente!

Menzogne nella relazione a distanza

PROCRASTINARE GLI INCONTRI = NON TI AMO

- «Ci vediamo giovedì sera, amore, mi sto ammazzando di lavoro per poterci vedere». Sparisce per richiamarti due ore prima dell'arrivo presunto per raccontarti di come dei documenti per una certa causa di lavoro siano andati in prescrizione e lui debba proprio rimandare l'appuntamento con te! Anche se il cataclisma degli "eventi" più imprevedibili si fosse abbattuto su di lui, c'è tempo per tutto, dopo il week end con te.

- Ti chiama negli orari comodi per lui, ti racconta di quanto sia importante avere un rapporto basato sulla fiducia e coglie l'occasione per dirti, incurante dei tuoi sentimenti: «Ieri ho incontrato Pamela, una gran bella ragazza, se non fossi stato con te ci sarei andato a letto, ma siccome amo te, ovviamente niente!» La scusa della fiducia per "ripulirsi la coscienza" raccontandoti la sua verità modificata è davvero deplorevole. Ringrazialo per averti raccontato di averti tradito e cancellalo dalla tua memoria e da quella del telefonino, anzi cambia scheda telefonica! Buona sì, ma fessa no!

- «Non vedo l'ora di rivederti». Poi accampa mille scuse e per due mesi non lo vedi! Se sei affetta dal morbo di Penelope, tra una tessitura e l'altra chiediti: «Voglio davvero questo nella mia vita?» Perché questa relazione non ha né i presupposti di qualità né le modalità e la volontà da parte di almeno uno di voi due per essere considerata "d'amore".

- «La mia ex ha fatto questo»; «Mio figlio ha detto questo»; «Debbo pagare questo e quello ecc.». Ti chiama quotidianamente al telefono per scaricarti tutti i suoi problemi e i suoi disagi, magari al mattino senza il minimo rispetto per il tuo stato d'animo e per il fatto che magari ti ha svegliata e se provi a rispondere o esprimere un tuo pensiero in merito, ti aggredisce e butta giù il telefono e non ti risponde se provi a richiamarlo. Comunica il tuo tariffario orario per le consulenze e il supporto per gli sfoghi giornalieri e spediscilo il più possibile lontano da te!

- «Stasera sono distrutto, appena esco dall'ufficio vado a letto a dormire, ho anche l'influenza!» E ti avvisa che staccherà il telefono per dormire senza interruzioni. Peccato che poi verrà visto a sbaciucchiarsi in un locale all'una di notte e addirittura a fare una foto con l'allegra compagnia. Che aggiungere: corri via!

- «Vado all'estero, sai, per lavoro! Sto via al massimo 5 giorni. Poi sta via 20 o più giorni e ti chiama anche perché non ha più soldi. Verifica la cadenza di questi viaggi di lavoro e non stupirti di scoprire che magari conduce una relazione parallela con la Carmen di turno e che hai anche contribuito economicamente al loro "idillio". Prendi il tuo cuore e portalo via, lontano da lui!

- «Amore ti accompagno io in clinica, al meeting, alla riunione condominiale, al circo, alla riunione scolastica»: appena giunti scarica la valigia, ti lascia nella hall dell'ingresso, sul pianerottolo, in fila alla biglietteria, fuori dalla scuola e dopo poco vedi che gli squilla il telefono. Che coincidenza! Deve andare via urgentemente, inizia la sagra delle scuse più incredibili: si è ammalato un collega, il mezzo aziendale è esploso, il capo ha cambiato idea sul giorno libero ecc. E non si fa più vedere, così tu entri da sola. Che dici è il caso di catapultarti nella tua nuova vita felice, visto che puoi fare qualunque cosa senza di lui?

Menzogne e affermazioni varie ed eventuali

- «Ho sofferto così tanto nella relazione passata che non voglio impegnarmi». Sei un potenziale trofeo o probabilmente già la numero 75! Perché ci vai ancora a letto?

- «Mi piaci tanto ma preferisco le bionde, quelle con la quinta di reggiseno, le stangone». Dov'è l'apprezzamento della tua meravigliosa e originale unicità? Indicagli la direzione dell'uscita dalla tua vita più vicina, subito!

- «Il mio è un matrimonio finito, convivo solo per i figli, il cane, le spese ecc.» o «Sono separato in casa». Considera che se il matrimonio è davvero in crisi, prima divorzia e poi si infila nel tuo letto. Stampati bene in testa che una relazione con un uomo sposato (che già tradisce) significa a priori scegliere di essere considerata l'alternativa, la valvola di sfogo o l'integrazione della moglie, quando ti va bene. Per me, meriti di più di qualche ora vissuta con lui clandestinamente e di tutte le festività in solitudine perché lui è con la sua famiglia o altro. E per te? Tira fuori la dignità, forza!

- «Mia moglie è un mostro di cattiveria, sei l'unica che mi

comprende e poi con te ho feeling sul lavoro!» Traduzione: sei l'unica che ha bevuto le sue fandonie! Sei l'unica che deve cercarsi subito un altro lavoro. Ribadisco il concetto: un uomo che: tradisce un progetto di vita in comune con la moglie; se ne frega di ferire i sentimenti dei figli; si disinteressa del dispiacere che procura alle rispettive famiglie, pensi possa comportarsi in modo differente con te? Credi di interessargli a tal punto da mettere a repentaglio anche il suo lavoro? Alle prime inevitabili incomprensioni, vedrai subito cosa accadrà! Gli annunci di ricerca personale gli costano molto meno che sopportarti!

- «Non è vero! Sei tu che sei gelosa e visionaria!» Qui siamo al massimo dell'indecenza manipolativa. Se questa è la risposta che ricevi quando chiedi spiegazioni perché hai scoperto che è iscritto a siti "sospetti" e invia email ambigue d'appuntamenti ad altre donne, allora respira profondamente, gira con decisione i tacchi, fai i bagagli e cancellalo dalla tua memoria, immediatamente!

- «Io ti ho solo tradito ma non ho mai tradito il nostro progetto di vita. Perché ti amo e tu sei tutto per me!» Qualcosa non quadra: ti ama e ti tradisce ma non tradisce il progetto di vita insieme? L'accordo di relazione monogama tra voi era aperto a future cessioni di quote societarie ad altre donne?

Le menzogne secondo le testimonianze di Facebook:

- Gli ho creduto quando mi giurava che avrebbe smesso di bere. L'ho anche difeso con la sua famiglia. Ne ho pagato tutte le conseguenze.
- Gli ho creduto quando ha detto che il figlio che una donna aspettava da lui non era il suo!
- Gli ho creduto quando mi ha detto che era single e poi ho scoperto che era sposato solo dopo averci fatto un figlio!
- Gli ho creduto quando diceva che andava a farsi medicare l'ernia operata e invece andava a letto con una rumena di vent'anni più giovane!
- Gli ho creduto quando ha detto che l'abito taglia 42 corto l'aveva acquistato per farmi una sorpresa. Io sono una 48.
- Gli ho creduto quando diceva che andava a giocare a calcetto con gli amici, che lo venivano a prendere a casa. Che sorpresa trovarlo avvinghiato a una mora nel parcheggio del campetto!
- Gli ho creduto quando ho visto una foto su Facebook in cui era

abbracciato a due ragazze, che dichiarava essere amiche della comitiva fidanzate con altre persone. In realtà erano due amichette con cui aveva passato la notte.

Se le fondamenta del vostro rapporto non sono solidamente basate sul rispetto, la fiducia e su un'elettiva attrazione reciproca, la relazione è solo la proiezione di bisogni irrisolti in cui l'infelicità regna sovrana.

SEGRETO n. 17: la menzogna di qualsiasi forma e natura, piccola o grande è una base sabbiosa su cui costruire una relazione. Scegli di aprire gli occhi e credere ai fatti, guarda le tue precedenti relazioni e i loro esiti.

RIEPILOGO DEL CAPITOLO 4:

- SEGRETO n. 14: Il perdono è paragonabile a un muscolo da allenare con strategie e strumenti efficaci e flessibili. Imparare a perdonare è una tua responsabilità ed è necessaria per essere felice.

- SEGRETO n. 15: Il segreto per ottenere un cambiamento vero è essere disciplinate, propositive e determinate nella pratica quotidiana degli esercizi. Quando scegli la tua nuova vita, le scuse auto-sabotanti devono essere bandite dal tuo cervello.

- SEGRETO n. 16: La verità è uno stato di grazia in cui augurarsi di vivere quotidianamente. Essa rende la vita facile e leggera. Poiché tutto si può cambiare, soprattutto le situazioni che ti rendono infelice. Scrivi le frasi che ti ripeti per giustificare le menzogne del tuo lui e quelle che racconti a te stessa per accettare di sostare in una relazione disastrosa.

- SEGRETO n. 17: La menzogna di qualsiasi forma e natura, piccola o grande è una base sabbiosa su cui costruire una relazione. Scegli di aprire gli occhi e credere ai fatti, guarda le tue precedenti relazioni e i loro esiti.

CAPITOLO 5:

Come essere orientate ed efficaci

Abbiamo visto come uscire, in base alla mia esperienza, da una storia disastrosa con dignità, con una nuova prospettiva e con rispetto per se stesse. Ora è il momento che preferisco, quello del cambio di rotta nella tua vita! È ora di definire gli obiettivi, le nuove strategie, il tempo entro il quale vuoi che tutto ciò accada.

È ora di liberare l'immaginazione (di cui **tutti** siamo dotati), in cui definisci i tuoi grandi obiettivi, il loro frazionamento e il piano di azioni da mettere **subito** in atto. Scrivi sul tuo quaderno le risposte a queste domande:

- Cosa immagino possa rendermi felice nella nuova vita?
- Come intendo essere felice nella mia nuova esistenza?
- Come voglio vivere la mia nuova vita?
- Quali sono i nuovi obiettivi che voglio raggiungere?
- Come posso raggiungere i miei obiettivi facilmente ed efficacemente?

SEGRETO n. 18: lo strumento più potente che abbiamo in dotazione sin dalla nascita è l'immaginazione. Quando credi che diventare adulti significhi smettere di sognare, sbagli. È davvero fondamentale che tu ritorni a farlo. Ho visto miracoli accadere nella mia vita quando ho deciso di permettermi di tornare a sognare.

Le aree su cui intervenire possono essere molte. Il primo passo è definire ed elencare per ordine di priorità quelle che vuoi migliorare e per ognuna identificare i tuoi punti di forza e le strategie potenzianti che vuoi adottare. Poi elenca ciò che ti impedisce di raggiungere i tuoi obiettivi.

Definisci:
1. i settori della vita, ad esempio le relazioni;
2. i tuoi punti di forza, ad esempio determinazione e coraggio, costanza ecc.;
3. le strategie potenzianti, ad esempio un corso di formazione per potenziare l'autostima;
4. gli auto-sabotaggi, ad esempio le scuse come: «Non ho tempo»; «Sono troppo impegnata»; «Ho i figli»; «Sono troppo

stanca» ecc.

Settori della vita	
Punti di forza	
Strategie potenzianti	
Auto-sabotaggi	

Lista orientativa dei settori su cui intervenire:

1. salute;

2. amore/famiglia;

3. finanza;

4. relazioni;

5. tempo libero;

6. crescita personale.

Scrivi la lista, dei settori personali in cui intervenire per ordine d'importanza:

SEGRETO n. 19: è importante che tu definisca con chiarezza e con un ordine di priorità il settore in cui intendi intervenire nella tua vita. Riconoscere tutte le tue attitudini e abilità depotenzia inevitabilmente tutta quella serie di auto-sabotaggi verbali e comportamentali che metti in atto quotidianamente. Scrivere ti rende consapevole.

Gli obiettivi

Essere felici è realizzare tutte le aree della propria vita secondo il proprio *metro di abbondanza*. Conosco una signora che vive della rendita dall'affitto di 3 appartamenti acquistati e che passa la sua vita in Thailandia a occuparsi dei bambini poveri. È felice e vive una vita piena della sua idea di abbondanza. Quali sono i tuoi obiettivi? Quale la tua idea di abbondanza?

Obiettivo 1:
Obiettivo 2:
Obiettivo 3:
Obiettivo 4:
Obiettivo 5:
Obiettivo 6:

Impegnati a raggiungere un obiettivo per priorità e dopo i corsi potrai anche perseguirne tre o quattro contemporaneamente.

Le strategie potenzianti

Quando nel 2009, alla ricerca della mia felicità che credevo perduta per sempre, ho scelto di immolare l'ultimo stipendio di un lavoro stagionale in un corso motivazionale di Anthony Robbins, non avrei immaginato di aprire la chiusa di una diga: la mia vita ha iniziato per la prima volta a scorrere nella sua direzione e non in quella degli altri. Quali sono le strategie potenzianti che intendi adottare ora? Come intendi metterle in pratica?

Strategia 1: Esempio: potenzio la mia autostima
Strategia 2:
Strategia 3:
Pratica 1: Esempio: al mattino mi dico allo specchio: «Mi amo così come sono e sono proprio bellissima!» Mi iscrivo a un corso di crescita personale.
Pratica 2:
Pratica 3:

SEGRETO n. 20: l'obiettivo e lo studio delle strategie per realizzarlo sono i passi successivi alla definizione delle aree d'azione. La chiarezza dell'obiettivo e la definizione delle strategie sono condizioni inequivocabili a dare potenza alla realizzazione del tuo personale progetto.

Il tempo

L'elemento più importante della nostra vita è il tempo. Esso non si può comprare, vendere, affittare o barattare. Inoltre è importante per il tuo cervello fissare una scadenza temporale affinché tu possa rispettare l'impegno preso con te stessa per realizzare i tuoi obiettivi, in ordine di priorità.

Esempio: ho deciso che entro un anno voglio tornare in splendida forma fisica e quindi mi sono iscritta in palestra e ho deciso di monitorare i miei risultati ogni tre mesi segnando peso e fotografando il mio corpo per vedere la mia evoluzione. L'obiettivo è sentirmi a mio agio con il mio corpo, più forte e sana. Entro quanto tempo intendi raggiungere i tuoi obiettivi? Ogni quanto tempo intendi monitorare i risultati ottenuti?

Schema temporale

Tempo per obiettivo 1: Scadenza monitoraggio:
Tempo per obiettivo 2: Scadenza monitoraggio:
Tempo per obiettivo 3: Scadenza monitoraggio:
Tempo per obiettivo 4: Scadenza monitoraggio:
Tempo per obiettivo 5: Scadenza e monitoraggio:
Tempo per obiettivo 6: Scadenza e monitoraggio:

Immaginazione

Immagina di possedere un quaderno magico che ti permetta di ottenere senza limiti la realizzazione di tutti i tuoi desideri una volta trascritti. Immagina di avere tutte le risorse di cui hai bisogno: salute, denaro, cultura, tempo, strumenti ecc. L'opera d'arte per eccellenza è la tua vita: descrivila, disegnala, dipingila, scolpiscila rispondendo a queste due domande:

- Come intendi cambiare la tua vita ora?

- Com'è la tua vita felice nella tua immaginazione?

La vita dei tuoi sogni

Frazionamento degli obiettivi

Rendi l'obiettivo finale fattibile! Frazionalo in tanti altri sequenziali micro obiettivi. Quando sei nato non camminavi. Hai prima gattonato poi hai camminato e ora puoi anche correre! Replica questo schema per ogni obiettivo che intendi raggiungere e specifica sempre ogni quanto tempo intendi monitorare i risultati e fallo!

Esempio: voglio aprire un'attività di pizzeria entro un anno:

- **frazionamento 1**: vado a fare un corso per pizzaioli;

- **frazionamento 2**: vado dal commercialista;

- **frazionamento 3**: cerco capitali;

- **frazionamento 4**: cerco il locale;

- **frazionamento 5**: assumo il personale;

- **frazionamento 6**: inauguro il locale.

Obiettivo 1:
Frazionamento 1 (tempo)
Frazionamento 2 (tempo)
Frazionamento 3 (tempo)
Frazionamento 4 (tempo)
Frazionamento 5 (tempo)
Frazionamento 6 (tempo)

SEGRETO n. 21: il frazionamento degli obiettivi affinché siano fattibili e sostenibili è un dettaglio strategico importantissimo. Questo passaggio ti permette di concretizzare tutte quelle azioni che ordinate e monitorate temporalmente, ti guidano verso la realizzazione del tuo sogno e desiderio.

L.E.P. – Life Evolution Planning

Con il L.E.P. (Life Evolution Planning) hai sott'occhio la tua evoluzione. Esso ti permette efficacemente e prontamente di correggere il tiro quando un'opportunità diversa da quelle previste si presenta, e di esercitarti per migliorare la tua costanza. Acquisisci conoscenza e dimestichezza con il L.E.P. nei miei corsi e video-corsi. Una sola regola: *agisci con flessibilità*!

SEGRETO n. 22: tu sola sei responsabile della tua vita! Esercitati ad esserlo e lascia perdere il vittimismo. Fondamentalmente ci sono tre sfide quotidiane nella vita: *fatti, problemi, obiettivi*. I fatti sono eventi del passato e non sono modificabili quindi cambia la valenza emotiva e *smetti di pensarci*. I problemi li puoi sempre risolvere, quindi *focalizzati sulla soluzione*. Gli obiettivi, puoi raggiungerli, quindi *agisci*.

RIEPILOGO DEL CAPITOLO 5:

- SEGRETO n. 18: Lo strumento più potente che abbiamo in dotazione di serie sin dalla nascita è l'immaginazione. Quando credi che diventare adulti significhi smettere di sognare, sbagli. È davvero fondamentale che tu ritorni a farlo. Ho visto miracoli accadere nella mia vita quando ho deciso di permettermi di tornare a sognare.

- SEGRETO n. 19: È importante che tu definisca con chiarezza e con un ordine di priorità il settore in cui intendi intervenire nella tua vita. Riconoscere tutte le tue attitudini e abilità depotenzia inevitabilmente tutta quella serie di auto-sabotaggi verbali e comportamentali che metti in atto quotidianamente. Scrivere ti rende consapevole.

- SEGRETO n. 20: L'obiettivo e lo studio delle strategie per realizzarlo sono i passi successivi alla definizione delle aree d'azione. La chiarezza dell'obiettivo e la definizione delle strategie sono condizioni inequivocabili a dare potenza alla realizzazione del tuo personale progetto.

- SEGRETO n. 21: Il frazionamento degli obiettivi affinché siano fattibili e sostenibili al tuo passo è un dettaglio strategico importantissimo. Questo passaggio ti permette di concretizzare tutte quelle azioni che ordinate e monitorate temporalmente, ti guidano verso la realizzazione del tuo sogno e desiderio.

- SEGRETO n. 22: Tu sola sei responsabile della tua vita! Esercitati ad esserlo e lascia perdere il vittimismo. Fondamentalmente ci sono tre sfide quotidiane nella vita: *fatti, problemi, obiettivi*. I fatti, sono eventi del passato e non sono modificabili quindi cambia la valenza emotiva e *smetti di pensarci*. I problemi li puoi sempre risolvere, quindi *focalizzati sulla soluzione*. Gli obiettivi, puoi raggiungerli, quindi *agisci*.

Conclusione

Una cosa è certa: realizziamo e siamo ciò che pensiamo la maggior parte del tempo! Il cambiamento è una delle più incredibili e stupefacenti dinamiche che rendono la vita una splendida avventura. Una mattina ti svegli e scrivi un libro che ti cambia la vita, adotti un bimbo e gli cambi la vita, decidi di mettere al mondo tuo figlio malgrado tutto e cambi il mondo, tutto in un secondo, tutto in una decisione, tutto nelle tue mani!

Osservando in questi anni anche le dinamiche affettive di altre donne, amiche e conoscenti mi sono accorta che il comune denominatore di tutte quelle relazioni era sempre l'esaurimento fisiologico della stessa dinamica e della relazione stessa. Finito il compito esperienziale di quella lezione di vita, si passava alla prossima avventura con dei tempi a volte biblici. È come se tu salissi su una giostra, nel Luna Park della vita, e al momento opportuno questa si fermasse per farti scendere e salire su un'altra, simile o completamente diversa dalla precedente a seconda del fatto che tu abbia imparato la precedente lezione oppure no!

La mia missione è ottimizzare i tuoi tempi di ripresa per salire sulla prossima giostra, che mi auguro più divertente e gratificante e completamente diversa da quella da cui sei scesa. Non esiste la formula o la verità assoluta per centrare la relazione perfetta ma ne esiste una per uscire da una relazione disastrosa, asciugarsi le lacrime e prepararsi per la prossima meravigliosa lezione di vita!

Augurandomi che tra le lacrime e la tristezza io ti abbia anche strappato un sorriso, ti ringrazio per aver acquistato questo corso e per aver creduto in te stessa. Ti ringrazio per il tempo che hai dedicato alla lettura e alla pratica in esso contenuta. Ti ringrazio per essere stata costante ed esigente con te stessa e per esserti impegnata seriamente a uscirne. Ti ringrazio per essere l'essere straordinario che sei e per avermi permesso di aiutarti! Lascia che tutto questo diventi un'abitudine, amica mia, alla quale puoi ricorrere tutte le volte che vuoi e per le occasioni più disparate, come superare la fine di un rapporto d'amicizia o di lavoro.

Decidi l'obiettivo, dividilo in altri piccoli obiettivi quotidiani, scegli strategie nuove e flessibili e agisci. Sii sempre consapevole che la tua vita ti richiede comunque di "aggiustare" il tiro prima di scoccare la freccia del tuo arco e centrare il tuo sogno agognato. Sii tenace e mantieni alta la tua fede, pratica tanto. Pratica con costanza e metodo nuove strategie potenzianti, frequenta corsi d'approfondimento e acquisisci tecniche nuove per il tuo potenziamento.

Ti lascio in dono queste frasi che ripeto continuamente a mio figlio Martin: «Tenta e ritenta, cambia strategia finché ci riesci!» «Se un gioco non ti diverte, cambialo».

Alla tua libertà e felicità!

Con rinnovata stima e gratitudine,
Tiziana Palazzo

Ringraziamenti

Dedico questo corso con gratitudine a Dio, alla mia guida spirituale Madre Benedettina Scolastica Riccio, al mio angelo custode Grazia, fulgido esempio di amore gratuito, fede, generosità, rispetto e stoicismo e alla sua accogliente e amorevole famiglia. Lo dedico ai miei stimati amici, coach e trainer straordinari ed efficaci Silvia Minguzzi, Andrea Magnani, Marco Merangola, Ciro Imparato, Nello Acampora con il suo meraviglioso dono Stefania Paties e Piergiorgio Merlatti, illuminanti strumenti della mia evoluzione.

A Charlie Fantechi e Daniele Bogiatto, Serafino Valorani e Gianluca Spadoni, dai quali ho imparato a estrapolare il meglio di ogni esperienza.

Ad Antonietta Paglia fiore all'occhiello nel mio cuore, donna e professionista dalle infinite risorse personali e professionali. Ad Aldo Boraschi, eclettico giornalista e virtuoso della penna, amico d'intenti. Alla determinata Marina Greco compagna d'emozioni e di verifiche, dal cuore grande. Ad Anthony Robbins, grazie al quale nel 2009 ho vissuto una delle esperienze più coinvolgenti, divertenti, rivoluzionarie e proficue della mia vita a seguito della quale ho deciso di "sprigionare il potere che è in me!"

Grazie a quanti ho permesso di farmi del male perché attraverso le esperienze vissute con loro, ho temprato la mia vita, forgiato il mio carattere e ho acquisito consapevolezza del mio valore.